[illegible]

[illegible]

Made in the USA
Coppell, TX
16 November 2021

65834221R00083